# Day1 問題カード

右の二次元コードをスマートフォンで読み取って
面接のシミュレーションをしてみましょう。

## Japanese Food

**Japanese food is getting popular all over the**

**ny cooking shows on TV.**

**join Japanese cooking**

**they can cook Japanese**

**s.**

# Day2 問題カード

右の二次元コードをスマートフォンで読み取って
面接のシミュレーションをしてみましょう。

## Autumn

**In autumn, people enjoy different activities. Among them, one of the most popular activities is the viewing of autumn leaves. People can enjoy seeing beautiful autumn leaves on mountains, so they often go to mountains in autumn.**

# Day3 問題カード

右の二次元コードをスマートフォンで読み取って
面接のシミュレーションをしてみましょう。

## Sudoku

**Sudoku is a fun puzzle game. There is an international Sudoku puzzle competition every year. Sudoku can be found online and in newspapers, so it continues to be very popular in Japan.**

# Day4 問題カード

右の二次元コードをスマートフォンで読み取って
面接のシミュレーションをしてみましょう。

## Weekend Activities

**Many people enjoy outdoor activities on weekends. Cycling and running are especially popular ones. Outdoor activities make people healthy, so many people like doing them on weekends.**

# Day5 問題カード

右の二次元コードをスマートフォンで読み取って
面接のシミュレーションをしてみましょう。

## Toys

**There are many kinds of toys. Among them, Japanese toys are made of high-quality materials, so they are very popular all over the world. Not only children but also adults love playing with them.**

# Day6 問題カード

右の二次元コードをスマートフォンで読み取って
面接のシミュレーションをしてみましょう。

## Maps

**Maps are useful in many ways. Guide maps are especially helpful for tourists. They show sightseeing spots and interesting information, so they are often used by tourists. Guide maps can be found all over the world.**

# Day7 問題カード

右の二次元コードをスマートフォンで読み取って
面接のシミュレーションをしてみましょう。

## Zoos

**Many people love animals. There are zoos all over Japan. People can often touch some animals, so they like to go to zoos. In some zoos, there are animal performances several times a day.**

# 7日間完成！

# 英検® 3級 二次試験・面接対策 予想問題集

Gakken

# もくじ

# 本書の使い方

本書のDay 1～Day 7の構成と利用方法は以下の通りです。
以下の1～3の順序でのご利用をおすすめします。

## 1 『問題カード』を使って、面接のシミュレーションをしてみよう

巻頭についている『問題カード』を使用して、面接のシミュレーションをしましょう。各カードの右上に置かれている二次元コードをスマートフォンで読み取ると、面接官があなたに話しかけてくる動画を視聴することができます。

面接官が動画から話しかけてくる！
YOUR TURNと出たらあなたが解答する番！

動画では、あなたの解答のタイミングがやってくると、
「YOUR TURN」(あなたの番です。)という文字と制限時間が画面上に表示されます。
試験本番だと思って、制限時間内での解答を目指してみましょう。

## 2 本冊で、面接の流れを振り返ろう

本冊に収録されているDay 1～Day 7には、それぞれの試験内容の解答例や解説が書かれています。

まずは、それぞれの面接試験の流れを振り返りましょう。

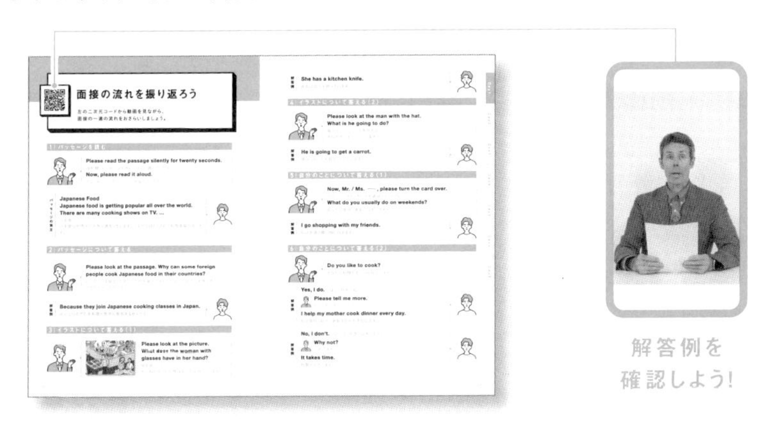
面接の流れを振り返ろう

左の二次元コードから動画を見ながら、面接の一連の流れをおさらいしましょう。

1 パッセージを読む

Please read the passage silently for twenty seconds.

Now, please read it aloud.

Japanese Food

Japanese food is getting popular all over the world. There are many cooking shows on TV. ...

2 パッセージについて答える

Please look at the passage. Why can some foreign people cook Japanese food in their countries?

Because they join Japanese cooking classes in Japan.

3 イラストについて答える(1)

Please look at the picture. What does the woman with glasses have in her hand?

She has a kitchen knife.

4 イラストについて答える(2)

Please look at the man with the hat. What is he going to do?

He is going to get a carrot.

5 自分のことについて答える(1)

Now, Mr. / Ms. ——, please turn the card over.

What do you usually do on weekends?

I go shopping with my friends.

6 自分のことについて答える(2)

Do you like to cook?

Yes, I do.

Please tell me more.

I help my mother cook dinner every day.

No, I don't.

Why not?

It takes time.



このページでは、左上の二次元コードをスマートフォンで読み取ると、
1で見た動画に沿って、解答例を確認することができます。

# 3 それぞれの問題を理解しよう

面接の流れを振り返った後は、面接官から聞かれた質問について、
一問ずつ理解を深めましょう。

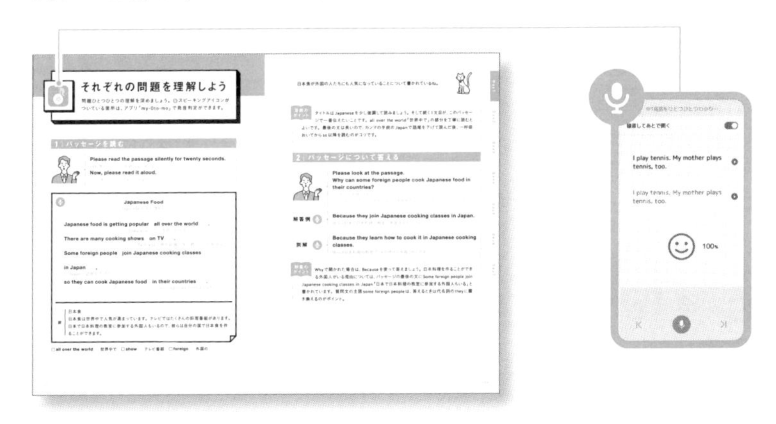
それぞれの問題を理解しよう

1 パッセージを読む

Please read the passage silently for twenty seconds.

Now, please read it aloud.

Japanese Food

Japanese food is getting popular all over the world.

There are many cooking shows on TV.

Some foreign people join Japanese cooking classes in Japan,

so they can cook Japanese food in their countries.

日本食が外国の人たちにも人気になっていることについて書かれているね。

2 パッセージについて答える

Please look at the passage. Why can some foreign people cook Japanese food in their countries?

解答例 Because they join Japanese cooking classes in Japan.

別解 Because they learn how to cook it in Japanese cooking classes.



スピーキングアイコンがついている英文のみ、アプリ『my-oto-mo(マイオトモ)』から発音判定を受けることができます。
詳細はp. 006をご確認ください。

# 音声・発音判定について

本書の音声再生・発音判定は、アプリ『my-oto-mo（マイオトモ）』から行うことができます。

https://gakken-ep.jp/extra/myotomo/
右の二次元コードをスマートフォンで読み取って、ダウンロードしてください。

1 「本をさがす」から本書の音声をダウンロードしましょう。

2 書籍のダウンロードが完了すると、音声を聞くことができます。

3 スピーキングアイコンがついている英文は、発音の判定をすることができます。

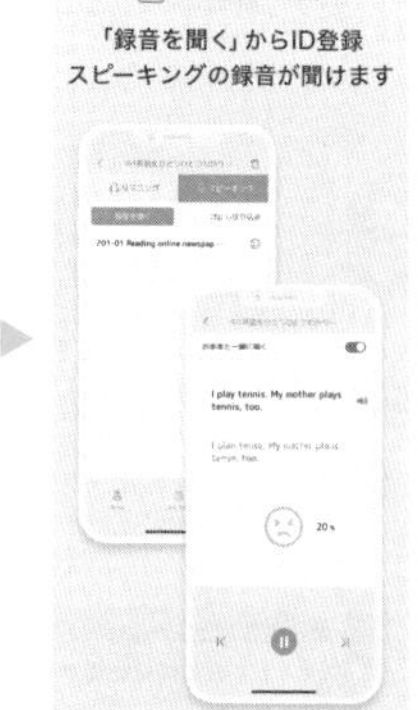


4 さらに、ID登録を行うことで、自分の声を録音して聞き直すことができます。

## 【パソコン用】MP3音声について

パソコンから下記のURLにアクセスすると、MP3形式の音声ファイルをダウンロードすることができます。

https://gakken-ep.jp/extra/myotomo/

［注意事項］
・お客様のネット環境および携帯端末により、アプリのご利用ができない場合、当社は責任を負いかねます。ご理解・ご了承いただきますよう、お願いいたします。
・アプリ「my-oto-mo」のダウンロード自体は無料ですが、通信料はお客様のご負担になります。

# Day 0

# 二次試験を知ろう

- 二次試験の内容
- 二次試験の流れ
- 英検S-CBTについて

# 二次試験の内容

## 3級の試験時間

約5分

## 3級の問題

3級の試験では、以下のような「問題カード」を面接官から渡されます。

**Day1** 問題カード

**Japanese Food**

Japanese food is getting popular all over the world. There are many cooking shows on TV. Some foreign people join Japanese cooking classes in Japan, so they can cook Japanese food in their countries.

Passage（パッセージ）
25～35語程度の英文が書かれています。英文のテーマは、日本の文化、昨今の流行、人気の趣味など、さまざまです。

Picture（絵・イラスト）
3級では上のPassage（パッセージ）に関連する1枚のイラストが描かれています。人物や背景などに注目しましょう。

## 1 問題カードのパッセージの音読

「問題カード」に書かれたパッセージ(英文)を音読します。

## 2 パッセージについての質問

「問題カード」に書かれたパッセージ(英文)の内容について、1問質問されます。

## 3 イラストについての質問(1)

「問題カード」に描かれているイラストの内容について、1問質問されます。

## 4 イラストについての質問(2)

「問題カード」に描かれているイラストの内容について、1問質問されます。

## 5 受験者自身についての質問(1)

受験者(あなた)のことについて、1問質問されます。

## 6 受験者自身についての質問(2)

受験者(あなた)のことについて、「はい」か「いいえ」で答える質問を1問質問されます。

## 3級(スピーキング)の合格点

得点率64%

353点/550点(満点)

※英検では、国際標準規格CEFRに対応した「英検CSEスコア」で英語力を客観的に評価しています。
※技能(リーディング・リスニング・ライティング・スピーキング)ごとに問題数は異なりますが、問題数に関係なく、各技能にスコアを均等に配分しています。
したがって、技能ごとに1問あたりのスコアへの影響は異なります。
ただし、同じ技能の問題であれば、どの問題で正解してもスコアへの影響は同じです。
※スコアは各回の全答案採点後、統計的手法(Item Response Theory★)を用いてスコアを算出しているため、受験者の皆さまがご自身の正答数でスコアを算出することはできません。
★Item Response Theoryとはテストにおける受験者の応答パターンを用いて、形式や難易度が異なるテストの結果を比較するための理論です。

英検CSEスコアの詳細はこちら
https://www.eiken.or.jp/eiken/result/eiken-cse_admission.html

# 二次試験の流れ

## 1 | 入室

順番がやってきたらノックをして教室に入ります。入室したら、まず面接官に対して
Hello.（こんにちは。）や
Good morning.（おはようございます。）
と笑顔で挨拶をしましょう。その後、
**Can I have your card, please?**
**（あなたのカードをいただけますか。）**
と面接官から指示されるので、
Here you are.（どうぞ。）
と言いながら「面接カード」を手渡します。

面接官に
**Please have a seat.**
**（お座りください。）**
と指示されたら、
Thank you.（ありがとうございます。）
と応じて、着席をしましょう。

## 2 | 名前と受験級の確認

着席した後、面接官に
**May I have your name?**
**（お名前は何ですか。）**
と名前を尋ねられるので、
My name is ～.（私の名前は～です。）
で答えましょう。また、そのときに
**This is the Grade 3 test. Okay?**
**（これは3級のテストです。大丈夫ですか。）**
と受験級の確認もされます。

名前と受験級の確認が終わると、

**How are you?（調子はどうですか。）**

などの質問（簡単な挨拶）をされる場合もあるので、落ち着いて

**I' m good.**（私は元気です。）

などと応じましょう。

## 3 | パッセージの黙読

面接官から、「問題カード」を1枚渡されるので、

**Thank you.**（ありがとうございます。）

と言って受け取りましょう。

**Please read the passage silently for twenty seconds.**

**（20秒間、パッセージを声に出さずに読んでください。）**

と指示されたら、「問題カード」のパッセージを20秒間で黙読します。

## 4 | パッセージの音読

20秒後、

**Now, please read it aloud.**

**（では、声に出してパッセージを読んでください。）**

と指示されたら、「問題カード」のパッセージを音読します。速く読む必要はないので、自分の読みやすいペースで落ち着いて音読しましょう。

また、タイトルを読むのを忘れないようにしましょう。

### 音読のポイントまとめ

- ☐ 意味のまとまりごとに読むように意識をし、途中で不自然な間を作らないようにする。
- ☐ パッセージのキーワードとなりそうな重要な単語はやや強めに読む。
- ☐ 単語ごとのアクセントに注意をし、できるだけ正確な発音を心がける。
- ☐ 途中で発音がわからない単語が出てきても、止まったり、無言になったりしない。（スペルから発音を推測して読み進める。）

## 5｜質問に答える

音読が終わると、パッセージとイラストについて質問されます。

### 1｜パッセージについての質問

「問題カード」に書かれたパッセージ(英文)の内容について、1問質問されます。

#### 解答のポイントまとめ

- □ What ～やWhy ～で始まる疑問文の内容をしっかり聞き取る。
- □ パッセージの中で、疑問文の内容について書かれている部分を探す。
- □ 主語は代名詞に置き換える。
- □ Why ～で聞かれた場合は、Because ～. で答える。

### 2｜イラストについての質問(1)

「問題カード」に描かれたイラストに関する質問をされます。

#### 解答のポイントまとめ

- □ イラストの中のどの登場人物・物について問われているのかを確認する。
- □ 質問文にも出てきている主語は、代名詞に置き換える。

### 3｜イラストについての質問(2)

「問題カード」のイラストの中の人物について、「何をしようとしているか」「何をしているところか」などを説明する問題が出題されます。

#### 解答のポイントまとめ

- □ 質問で述べられる人物の特徴をもとに、どの人物について聞かれているのかを確認する。
- □ What is ～ going to do?(～は何をしようとしていますか。)という質問の場合は、人物から出る吹き出しの中のイラストに注目。
- □ 主語はheやsheなどの代名詞を使う。

## 4 | 受験者について問う質問(1)

受験者(あなた)について、好みや習慣、経験などを尋ねる質問をされます。

### 解答のポイントまとめ

- ☐ この問題からは問題カードに関係のない質問なので、面接官の方を見て答えるようにする。
- ☐ What ～やWhere ～、How ～などで聞かれる質問の内容をしっかり聞き取る。
- ☐ 答えるときに使う動詞やその形は、質問で使われているものに合わせる。

## 5 | 受験者について問う質問(2)

受験者(あなた)についての質問をもう一つされます。

### 解答のポイントまとめ

- ☐「～かどうか」を聞く質問が基本。その場合は、Yes./No.をはっきり答える。
- ☐ Yes.で答えた場合は、Please tell me more.のような追加の質問がされるので、具体的な説明を1文程度で加える。
- ☐ No.で答えた場合は、Why not?と理由を聞かれることもある。その場合は、1文程度で理由を答える。

## 6 | 問題カードの返却

質問が終わると、面接官から

**May I have the card back, please?**
**(カードを返していただけますか。)**

と「問題カード」を返すように指示されます。

**Here you are.**(どうぞ。)

などと言って「問題カード」を返却しましょう。

退室を指示されたら、

**Thank you very much.**(ありがとうございました。)

などとお礼を述べ、

**Goodbye.**(さようなら。)

と別れの挨拶をしてから退室しましょう。

# 英検S-CBTについて

## 英検S-CBTとは?

英検(従来型)は一次試験、二次試験と2日間の試験ですが、英検S-CBTでは、スピーキング、リスニング、リーディング、ライティングを1日で測ることができます。
英検(従来型)との併願も可能で、原則毎週実施されている試験です。
(*級や地域により毎週実施でない場合があります。)

※英検S-CBTは、英検(従来型)と同様の級・スコアとして扱われます。

## 実施方法

【スピーキング】
ヘッドセットを装着し解答を録音する吹込み式です。
【リーディング・リスニング】
PC(コンピューター)画面上でマウス操作することで解答します。
【ライティング】
申込手続の際に以下の2つの解答方式から選択することができます。
筆記型:PC画面の問題を読み、手書きで解答用紙に記入します。
タイピング型:PC画面の問題を読み、キーボードで入力します。

## 実施級

準1級、2級、準2級、3級　※1級、4級、5級を受験希望の方は、英検(従来型)でご受験ください。

## 受験対象者

各級とも年齢・職業・学歴などは問いません。
ただし、PCの基本的な操作(マウスクリック等)ができることが必要です。

※11歳未満の年少者が受験する場合は、保護者が英検S-CBT受験規約および英検ウェブサイト上の受験上の案内や注意事項を確認のうえ、受験が可能かどうかを判断してお申し込みください。

英検S-CBTの詳細・お申し込みはこちらから
https://www.eiken.or.jp/s-cbt/

# Day 1

# Japanese Food
（日本食）

Day1 問題カード

### Japanese Food

Japanese food is getting popular all over the world. There are many cooking shows on TV. Some foreign people join Japanese cooking classes in Japan, so they can cook Japanese food in their countries.

# 面接の流れを振り返ろう

左の二次元コードから動画を見ながら、
面接の一連の流れをおさらいしましょう。

## 1｜パッセージを読む

**Please read the passage silently for twenty seconds.**
20秒間、パッセージを声に出さずに読んでください。
**Now, please read it aloud.**
では、声に出してパッセージを読んでください。

パッセージの英文

**Japanese Food**
**Japanese food is getting popular all over the world.**
**There are many cooking shows on TV. ...**
日本食
日本食は世界中で人気が高まっています。テレビではたくさんの料理番組があります。…

## 2｜パッセージについて答える

**Please look at the passage. Why can some foreign people cook Japanese food in their countries?**
パッセージを見てください。なぜ外国人の中には、自分の国で日本食を作ることができる人がいるのですか。

解答例

**Because they join Japanese cooking classes in Japan.**
彼らは日本で日本料理の教室に参加するからです。

## 3｜イラストについて答える（1）

**Please look at the picture.**
**What does the woman with glasses have in her hand?**
絵を見てください。
めがねをかけた女性は手に何を持っていますか。

解答例

**She has a kitchen knife.**
彼女は包丁を持っています。

## 4 | イラストについて答える（2）

**Please look at the man with the hat.**
**What is he going to do?**
帽子をかぶっている男性を見てください。
彼は何をしようとしていますか。

解答例

**He is going to get a carrot.**
彼はにんじんを取ろうとしています。

## 5 | 自分のことについて答える（1）

**Now, Mr. / Ms. ——, please turn the card over.**
では、—— さん、カードを裏返してください。
**What do you usually do on weekends?**
あなたは普段、週末に何をしますか。

解答例

**I go shopping with my friends.**
私は友達と買い物に行きます。

## 6 | 自分のことについて答える（2）

**Do you like to cook?**
あなたは料理をするのが好きですか。

解答例

**Yes, I do.** はい、好きです。

**Please tell me more.**
もっと私に話してください。

**I help my mother cook dinner every day.**
私は毎日、母が夕食を作るのを手伝います。

解答例

**No, I don't.** いいえ、好きではありません。

**Why not?**
なぜですか。

**It takes time.**
時間がかかります。

# それぞれの問題を理解しよう

問題ひとつひとつの理解を深めましょう。スピーキングアイコンがついている箇所は、アプリ「my-oto-mo」で発音判定ができます。

## 1 パッセージを読む

**Please read the passage silently for twenty seconds.**
20秒間、パッセージを声に出さずに読んでください。

**Now, please read it aloud.**
では、声に出してパッセージを読んでください。

**Japanese Food**
Japaneseを少し強めに

**Japanese food is getting popular / all over the world (↘).**
popularまでで一度軽く区切る

**There are many cooking shows / on TV (↘).**
TVのVは下唇を前歯の先に軽く当てて発音する

**Some foreign people / join Japanese cooking classes /**

**in Japan (↘), /**
in Japanで語尾を下げる

**so they can cook Japanese food / in their countries (↘).**
in their countriesでひとまとまり

訳
日本食
日本食は世界中で人気が高まっています。テレビではたくさんの料理番組があります。日本で日本料理の教室に参加する外国人もいるので、彼らは自分の国で日本食を作ることができます。

□**all over the world**　世界中で　□**show**　テレビ番組　□**foreign**　外国の

日本食が外国の人たちにも人気になっていることについて書かれているね。

**音読のポイント** タイトルはJapaneseを少し強調して読みましょう。そして続く1文目が、このパッセージで一番伝えたいことです。all over the world「世界中で」の部分を丁寧に読むとよいです。最後の文は長いので、カンマの手前のJapanで語尾を下げて読んだ後、一呼吸おいてからso以降を読むのがコツです。

## 2 | パッセージについて答える

**Please look at the passage.**
**Why can some foreign people cook Japanese food in their countries?**

パッセージを見てください。
なぜ外国人の中には、自分の国で日本食を作ることができる人がいるのですか。

解答例 **Because they join Japanese cooking classes in Japan.**

彼らは日本で日本料理の教室に参加するからです。

別解 **Because they learn how to cook it in Japanese cooking classes.**

彼らは日本料理の教室で、その作り方を習うからです。

**解答のポイント** Whyで聞かれた場合は、Becauseを使って答えましょう。日本料理を作ることができる外国人がいる理由については、パッセージの最後の文にSome foreign people join Japanese cooking classes in Japan「日本で日本料理の教室に参加する外国人もいる」と書かれています。質問文の主語some foreign peopleは、答えるときは代名詞のtheyに置き換えるのがポイント。

## 3 | イラストについて答える(1)

日本料理教室の様子が描かれているね。人が複数いるので、それぞれの人にどんな特徴があるかをチェックしよう。

**Please look at the picture.**
**What does the woman with glasses have in her hand?**
絵を見てください。
めがねをかけた女性は手に何を持っていますか。

解答例 **She has a kitchen knife.**
彼女は包丁を持っています。

別解 **She has a knife to cut food.**
彼女は食べ物を切るためのナイフを持っています。

□**kitchen knife** 包丁

解答のポイント
the woman with glasses「めがねをかけた女性」は、絵の右上に見つかります。質問文のhave in her handは「(彼女の)手の中に持つ」という意味なので、めがねをかけた女性が手に何を持っているかを聞かれています。彼女はkitchen knife「包丁」を持っているので、質問文にもある動詞have「〜を持っている」を三人称単数現在形のhasに変えて、She has a kitchen knife.と答えればOKです。

## 4 | イラストについて答える（2）

**Please look at the man with the hat.**
**What is he going to do?**
帽子をかぶっている男性を見てください。
彼は何をしようとしていますか。

解答例 **He is going to get a carrot.**
彼はにんじんを取ろうとしています。

別解 **He is going to get food from a basket.**
彼はかごから食べ物を取ろうとしています。

□ **carrot** にんじん　□ **basket** かご、バスケット

解答のポイント the man with the hat「帽子をかぶっている男性」から出ている吹き出しの中に注目しましょう。かごからにんじんを取っている様子が描かれているので、これを説明します。質問文と同じように、*be* going to *do*「～しようとしている」という表現を使って答えましょう。

## 5 | 自分のことについて答える（1）

**Now, Mr. / Ms. ——, please turn the card over.**
では、　　さん、カードを裏返してください。
**What do you usually do on weekends?**
あなたは普段、週末に何をしますか。

解答例  **I go shopping with my friends.**
私は友達と買い物に行きます。

□ **go shopping** 買い物に行く

解答のポイント 普段、週末に何をするのかを聞かれています。usually「普段」と言っているので、答えるときは動詞を現在形にしましょう。誰かと何かをする場合は、with「～と（一緒に）」を使います。

## 6 自分のことについて答える（2）

**Do you like to cook?**
あなたは料理をするのが好きですか。

### Yes, I do.（料理をするのが好き）の場合

**Please tell me more.**
もっと私に話してください。

解答例 

**I help my mother cook dinner every day.**
私は毎日、母が夕食を作るのを手伝います。

解答のポイント

Do you 〜?と聞かれているので、「料理をするのが好き」という場合はYes.またはYes, I do.と答えます。それに対し、Please tell me more.「もっと私に話してください」と言われるので、料理が好きなことに関するエピソードを話しましょう。「どんな料理が好きか」「どうやって料理を学んでいるか」などを答えることもできます。

### No, I don't.（料理をするのが好きではない）の場合

**Why not?**
なぜですか。

解答例 

**It takes time.**
時間がかかります。

解答のポイント

「料理をするのが好きではない」という場合は、No.またはNo, I don't.と答えます。続くWhy not?という質問は「なぜですか」という意味なので、料理をするのが好きではない理由を答えましょう。「時間がかかる」ことの他に、「料理に興味がない」「レストランで食べるのが好き」などの理由を挙げることもできます。

# Day 2

## Autumn
（秋）

Day2 問題カード

### Autumn

In autumn, people enjoy different activities. Among them, one of the most popular activities is the viewing of autumn leaves. People can enjoy seeing beautiful autumn leaves on mountains, so they often go to mountains in autumn.

# 面接の流れを振り返ろう

左の二次元コードから動画を見ながら、
面接の一連の流れをおさらいしましょう。

## 1 パッセージを読む

**Please read the passage silently for twenty seconds.**
20秒間、パッセージを声に出さずに読んでください。
**Now, please read it aloud.**
では、声に出してパッセージを読んでください。

パッセージの英文

**Autumn**
**In autumn, people enjoy different activities. Among them, one of the most popular activities is the viewing of autumn leaves. ...**
秋
秋には、人々はさまざまな活動を楽しみます。その中で、最も人気のある活動の1つは紅葉狩りです。…

## 2 パッセージについて答える

**Please look at the passage. Why do people often go to mountains in autumn?**
パッセージを見てください。なぜ人々は秋によく山へ行くのですか。

解答例

**Because they can enjoy seeing beautiful autumn leaves on mountains.**
山では美しい紅葉を見るのを楽しむことができるからです。

## 3 イラストについて答える(1)

**Please look at the picture. What does the girl have in her hands?**
絵を見てください。女の子は両手に何を持っていますか。

**She has some leaves.**
彼女は葉を何枚か持っています。

## 4 | イラストについて答える（2）

**Please look at the man with glasses.**
**What is he doing?**
めがねをかけた男性を見てください。
彼は何をしていますか。

解答例

**He is taking a picture.**
彼は写真を撮っています。

## 5 | 自分のことについて答える（1）

**Now, Mr. / Ms. ——, please turn the card over.**
では、——さん、カードを裏返してください。
**What kind of music do you like?**
あなたはどんな種類の音楽が好きですか。

解答例

**I like Japanese pop music.**
私は日本のポップミュージックが好きです。

## 6 | 自分のことについて答える（2）

**Do you like to go fishing?**
あなたは釣りに行くのが好きですか。

解答例

**Yes, I do.** はい、好きです。

**Please tell me more.**
もっと私に話してください。

**Last time I caught several fish.**
前回、私は魚を数匹釣りました。

解答例

**No, I don't.** いいえ、好きではありません。

**Why not?**
なぜですか。

**I like to stay at home.**
私は家にいるのが好きです。

# それぞれの問題を理解しよう

問題ひとつひとつの理解を深めましょう。スピーキングアイコンがついている箇所は、アプリ「my-oto-mo」で発音判定ができます。

## 1 パッセージを読む

**Please read the passage silently for twenty seconds.**
20秒間、パッセージを声に出さずに読んでください。
**Now, please read it aloud.**
では、声に出してパッセージを読んでください。

**Autumn**
Auを強めに読む

**In autumn, / people enjoy different activities (↘).**
activitiesの最初のtiを強く読む

**Among them, / one of the most popular activities (↗) /**
one of theを「ワノヴザ」のようにつなげて読む

**is the viewing of autumn leaves (↘).**

**People can enjoy seeing beautiful autumn leaves /**
beautiful autumn leavesでひとかたまり

**on mountains (↘), / so they often go to mountains /**
oftenをやや強く読む

**in autumn (↘).**

訳
秋
秋には、人々はさまざまな活動を楽しみます。その中で、最も人気のある活動の1つは紅葉狩りです。山では美しい紅葉を見るのを楽しむことができるので、人々は秋によく山へ行きます。

□**different** さまざまな □**activity** 活動 □**among** ～の中で
□**popular** 人気のある □**viewing** 見ること □**autumn leaves** 紅葉

秋の行楽の1つである「紅葉狩り」について書かれているね。

**音読のポイント** タイトルはAutumnのAu「オー」の部分を強く読みます。2文目のthe viewing of autumn leavesがこのパッセージのメインの内容です。viewingは語尾を少し上げて読みましょう。最後の長い文は、on mountainsまでで一度軽く区切ります。その後はこのパッセージの結論が続くので、落ち着いて1文を読み上げましょう。

## 2 | パッセージについて答える

**Please look at the passage.**
**Why do people often go to mountains in autumn?**
パッセージを見てください。
なぜ人々は秋によく山へ行くのですか。

解答例

**Because they can enjoy seeing beautiful autumn leaves on mountains.**
山では美しい紅葉を見るのを楽しむことができるからです。

別解

**To enjoy viewing autumn leaves.**
紅葉狩りを楽しむためです。

**解答のポイント** Whyで聞かれているので、Becauseを使って答えましょう。人々が秋によく山へ行く理由については、最後の文の前半にPeople can enjoy seeing beautiful autumn leaves on mountains「山では美しい紅葉を見るのを楽しむことができる」と書かれているので、これを答えます。パッセージからヒントを探すときは、理由と結論をつなぐso「～なので」がキーワードになります。また、Why ～?に対しては、To *do* ～の形で目的を答えることもできます。

## 3 イラストについて答える(1)

山で紅葉狩りを楽しむ人たちの様子が描かれているね。それぞれの人が何をしているのかをチェック!

**Please look at the picture.**
**What does the girl have in her hands?**

絵を見てください。
女の子は両手に何を持っていますか。

解答例 **She has some leaves.**

彼女は葉を何枚か持っています。

別解 **She has some fallen leaves.**

彼女は落ち葉を何枚か持っています。

□**leaf** 葉(複数形はleaves) □**fallen leaves** 落ち葉

解答のポイント

女の子は絵の真ん中あたりに見つかります。女の子の手元を確認すると、複数枚の葉っぱを持っていることが分かるので、some leaves「何枚かの葉」を使います。主語はSheになるので、動詞have「～を持っている」は三人称単数現在形のhasに変え、She has some leaves.と答えましょう。

## 4 イラストについて答える(2)

**Please look at the man with glasses.**
**What is he doing?**
めがねをかけた男性を見てください。
彼は何をしていますか。

**解答例** 

**He is taking a picture.**
彼は写真を撮っています。

**別解** 

**He is taking a picture of autumn leaves.**
彼は紅葉の写真を撮っています。

□ **take a picture (of ～)** (～の)写真を撮る

**解答のポイント**

めがねをかけた男性は、絵の一番右にいます。カメラを持って写真を撮っていると分かるので、これを答えましょう。質問文では「～している」という意味を表す *be doing* の形を使っているので、これを使ってis taking a picture「写真を撮っている」と答えます。複数形のpicturesを使ってis taking picturesとしてもOKです。また、「紅葉の」と詳しく伝える場合は、of autumn leavesを付け足すこともできます。

## 5 自分のことについて答える(1)

**Now, Mr. / Ms. ——, please turn the card over.**
では、—— さん、カードを裏返してください。
**What kind of music do you like?**
あなたはどんな種類の音楽が好きですか。

**解答例** 

**I like Japanese pop music.**
私は日本のポップミュージックが好きです。

**解答のポイント**

どんな音楽を聞くのが好きかを答えましょう。I like ～「私は～が好きです」と文を始め、その後に音楽の種類を続けます。pop musicの他には、rock music「ロックミュージック」やclassical music「クラシック音楽」などがあります。特に好きな音楽がない場合は、I don't really listen to music.「私はあまり音楽を聞きません」などと答えることもできます。

# 6 | 自分のことについて答える(2)

**Do you like to go fishing?**
あなたは釣りに行くのが好きですか。

## Yes, I do.(釣りに行くのが好き)の場合

**Please tell me more.**
もっと私に話してください。

解答例 

**Last time I caught several fish.**
前回、私は魚を数匹釣りました。

解答のポイント

Do you ～?と聞かれているので、「釣りに行くのが好き」という場合は、Yes.またはYes, I do.と答えます。この場合、Please tell me more.「もっと私に話してください」と言われるので、釣りに関する自分の経験などを話しましょう。他に、「普段どんな魚を釣るか」「どこに行って釣りをするのか」「誰と釣りに行くのか」などを答えることもできます。

## No, I don't.(釣りに行くのが好きではない)の場合

**Why not?**
なぜですか。

解答例 

**I like to stay at home.**
私は家にいるのが好きです。

解答のポイント

「釣りに行くのが好きではない」という場合は、No.またはNo, I don't.と答えます。Why not?「なぜですか」と聞かれたら、釣りに行くのが好きではない理由を答えましょう。「魚が好きではない」「釣りに興味がない」などのように答えることもできます。

# Day 3

# Sudoku
## （数独）

Day3 問題カード

### Sudoku

Sudoku is a fun puzzle game. There is an international Sudoku puzzle competition every year. Sudoku can be found online and in newspapers, so it continues to be very popular in Japan.

# 面接の流れを振り返ろう

左の二次元コードから動画を見ながら、
面接の一連の流れをおさらいしましょう。

## 1 | パッセージを読む

**Please read the passage silently for twenty seconds.**
20秒間、パッセージを声に出さずに読んでください。
**Now, please read it aloud.**
では、声に出してパッセージを読んでください。

パッセージの英文

**Sudoku**
**Sudoku is a fun puzzle game. There is an international Sudoku puzzle competition every year. ...**
数独
数独は楽しいパズルゲームです。毎年、国際的な数独パズル大会があります。…

## 2 | パッセージについて答える

**Please look at the passage.**
**Why does Sudoku continue to be very popular in Japan?**
パッセージを見てください。
なぜ数独は日本で高い人気が続いているのですか。

解答例

**Because it can be found online and in newspapers.**
数独はオンラインや新聞で見つけることができるからです。

## 3 | イラストについて答える(1)

**Please look at the picture.**
**What is the man with glasses holding in his hand?**
絵を見てください。
めがねをかけた男性は手に何を持っていますか。

**解答例**

**He is holding a newspaper.**
彼は新聞を持っています。

## 4 | イラストについて答える（2）

**Please look at the woman with long hair.**
**What is she doing?**
髪の長い女性を見てください。
彼女は何をしていますか。

**解答例**

**She is listening to music.**
彼女は音楽を聞いています。

## 5 | 自分のことについて答える（1）

**Now, Mr. / Ms. ——, please turn the card over.**
では、——さん、カードを裏返してください。
**What are you planning to do this weekend?**
あなたは今週末に何をする予定ですか。

**解答例**

**I'm planning to go swimming.**
私は泳ぎに行く予定です。

## 6 | 自分のことについて答える（2）

**Have you ever traveled abroad?**
あなたはこれまでに海外旅行をしたことがありますか。

**解答例**

**Yes, I have.** はい、あります。

**Please tell me more.**
もっと私に話してください。

**I went to Italy last year.**
私は去年イタリアに行きました。

**解答例**

**No, I haven't.** いいえ、ありません。

**What country would you like to go to?**
あなたはどの国に行きたいですか。

**I'd like to go to Singapore.**
私はシンガポールに行きたいです。

# それぞれの問題を理解しよう

問題ひとつひとつの理解を深めましょう。スピーキングアイコンがついている箇所は、アプリ「my-oto-mo」で発音判定ができます。

## 1 パッセージを読む

**Please read the passage silently for twenty seconds.**
20秒間、パッセージを声に出さずに読んでください。
**Now, please read it aloud.**
では、声に出してパッセージを読んでください。

**Sudoku**
doをはっきりと強めに読む

**Sudoku is a fun puzzle game (↘).**
Sudokuをゆっくり強調して読む
**There is an international Sudoku puzzle competition /**
competitionはcompeの後のtiにアクセント
**every year (↘).**

**Sudoku can be found online / and in newspapers (↘), /**
andとinはつなげて読む
**so it continues to be very popular / in Japan (↘).**
popularのpoをはっきりと強めに

訳 数独
数独は楽しいパズルゲームです。毎年、国際的な数独パズル大会があります。数独はオンラインや新聞で見つけることができるので、日本では高い人気が続いています。

□**international** 国際的な　□**competition** 大会　□**continue** 続く
□**popular** 人気のある

国際的な大会が開催されていることから、数独は日本国内だけでなく世界でも人気があると分かるね。

**音読のポイント**

Sudoku「数独」は日本語の発音の仕方とは少し違うので注意。英語ではSudokuのdoを強調して読みましょう。competitionは長めの単語ですが、真ん中のti「ティ」の音にアクセントを置いて読めばきれいに発音できます。3文目はこのパッセージにおいて重要な内容なので、はっきり伝わるように読みましょう。人気であることを強調するため、in Japanの前のvery popularをやや強めに読むとよいです。

## 2 | パッセージについて答える

**Please look at the passage.**
**Why does Sudoku continue to be very popular in Japan?**

パッセージを見てください。
なぜ数独は日本で高い人気が続いているのですか。

**Because it can be found online and in newspapers.**

数独はオンラインや新聞で見つけることができるからです。

**Because people can play it online and in newspapers.**

人々はオンラインや新聞でそれをすることができるからです。

**解答のポイント**

Whyで聞かれた場合は、Becauseを使って答えましょう。数独が日本で高い人気を集め続けている理由は、パッセージの3文目の前半にSudoku can be found online and in newspapers「数独はオンラインや新聞で見つけることができる」と書かれています。このSudokuをitに置き換えて答えましょう。また、play「(ゲームなど)をする」を使って答えることもできます。

## 3 | イラストについて答える（1）

電車内の様子を表したイラストだね。それぞれの人たちをよく観察してみよう。

**Please look at the picture.**
**What is the man with glasses holding in his hand?**
絵を見てください。
めがねをかけた男性は手に何を持っていますか。

**解答例** **He is holding a newspaper.**
彼は新聞を持っています。

**別解** **He is holding a newspaper to read.**
彼は読むための新聞を持っています。

□**hold**　～を持っている、～をつかんでいる

**解答のポイント**
the man with glasses「めがねをかけた男性」は、絵の左端にいます。手に何を持っているかを聞かれているので、a newspaper「新聞」を持っていると答えましょう。質問文に含まれているis holding ～「～を持っている」という表現を使うことができます。「読むための」と補足するのであれば、a newspaperの後にto readと続ければよいですね。

## 4 イラストについて答える(2)

**Please look at the woman with long hair.**
**What is she doing?**
髪の長い女性を見てください。
彼女は何をしていますか。

解答例 

**She is listening to music.**
彼女は音楽を聞いています。

別解 

**She is listening to music with earphones.**
彼女はイヤホンで音楽を聞いています。

□ **earphone** イヤホン

座席の真ん中に座っている、髪の長い女性に注目しましょう。女性は音楽を聞いていると分かるので、listen to music「音楽を聞く」という表現を使って答えます。質問文で使われている *be doing*「～している」の形に変化させると、She is listening to music. になります。また、イヤホンをして聞いているので、with earphones「イヤホンで」と付け加えることもできます。

## 5 自分のことについて答える(1)

**Now, Mr. / Ms. ——, please turn the card over.**
では、——さん、カードを裏返してください。
**What are you planning to do this weekend?**
あなたは今週末に何をする予定ですか。

解答例 

**I'm planning to go swimming.**
私は泳ぎに行く予定です。

□ **go swimming** 泳ぎに行く

今週末に何をする予定なのかを聞かれています。質問文にある *be* planning to *do*「～する予定である」という表現を使って答えればOKです。I'm planning toの後ろに動詞を続けて、予定を答えましょう。

## 6 自分のことについて答える(2)

**Have you ever traveled abroad?**
あなたはこれまでに海外旅行をしたことがありますか。

### Yes, I have.(海外旅行をしたことがある)の場合

**Please tell me more.**
もっと私に話してください。

解答例 

**I went to Italy last year.**
私は去年イタリアに行きました。

解答のポイント

Have you ever *done* ～?は「あなたはこれまでに～したことがありますか」と経験を尋ねる表現です。海外旅行をしたことがあれば、Yes.またはYes, I have.と答えましょう。次にPlease tell me more.「もっと私に話してください」と言われるので、I went to ～「～に行った」など、海外旅行に関する経験を話しましょう。「誰と旅行に行ったのか」「旅先で何をしたのか」といったようなことを答えてもOKです。

### No, I haven't.(海外旅行をしたことがない)の場合

**What country would you like to go to?**
あなたはどの国に行きたいですか。

解答例 

**I'd like to go to Singapore.**
私はシンガポールに行きたいです。

解答のポイント

海外旅行をしたことがなければ、No.またはNo, I haven't.と答えます。その場合、新たな質問がされます。ここではWhat country ～?と行きたい国を聞かれているので、質問文にもあるwould like to *do* ～「～したい」という表現を使って、America「アメリカ」Korea「韓国」など行きたい国名を答えましょう。

Day 4

# Weekend Activities

## （週末の活動）

Day4 問題カード

### Weekend Activities

Many people enjoy outdoor activities on weekends. Cycling and running are especially popular ones. Outdoor activities make people healthy, so many people like doing them on weekends.

# 面接の流れを振り返ろう

左の二次元コードから動画を見ながら、
面接の一連の流れをおさらいしましょう。

## 1 | パッセージを読む

**Please read the passage silently for twenty seconds.**
20秒間、パッセージを声に出さずに読んでください。
**Now, please read it aloud.**
では、声に出してパッセージを読んでください。

パッセージの英文

**Weekend Activities**
**Many people enjoy outdoor activities on weekends.**
**Cycling and running are especially popular ones. ...**
週末の活動
多くの人々が週末に屋外での活動を楽しみます。サイクリングとランニングは特に人気のある活動です。…

## 2 | パッセージについて答える

**Please look at the passage. Why do many people like doing outdoor activities on weekends?**
パッセージを見てください。なぜ多くの人々が週末に屋外での活動をすることが好きなのですか。

解答例

**Because outdoor activities make people healthy.**
屋外での活動は人々を健康にするからです。

## 3 | イラストについて答える(1)

**Please look at the picture.**
**How many people are wearing a helmet?**
絵を見てください。
何人の人がヘルメットをかぶっていますか。

解答例

**Two people are wearing helmets.**
2人の人がヘルメットをかぶっています。

## 4 | イラストについて答える（2）

**Please look at the sitting woman.**
**What is she doing?**
座っている女性を見てください。
彼女は何をしていますか。

解答例

**She is eating a sandwich.**
彼女はサンドイッチを食べています。

## 5 | 自分のことについて答える（1）

**Now, Mr. / Ms. ——, please turn the card over.**
では、—— さん、カードを裏返してください。
**What do you like to do when the weather is fine?**
天気がいいときに、あなたは何をするのが好きですか。

解答例

**I like to play baseball.**
私は野球をするのが好きです。

## 6 | 自分のことについて答える（2）

**Do you often listen to the radio?**
あなたはよくラジオを聞きますか。

解答例

**Yes, I do.** はい、聞きます。

**Please tell me more.**
もっと私に話してください。

**I listen to it every day.**
私は毎日それを聞きます。

解答例

**No, I don’t.** いいえ、聞きません。

**Why not?**
なぜですか。

**I usually watch TV.**
私は普段テレビを見ます。

# それぞれの問題を理解しよう

問題ひとつひとつの理解を深めましょう。スピーキングアイコンがついている箇所は、アプリ「my-oto-mo」で発音判定ができます。

## 1 | パッセージを読む

**Please read the passage silently for twenty seconds.**
20秒間、パッセージを声に出さずに読んでください。
**Now, please read it aloud.**
では、声に出してパッセージを読んでください。

**Weekend Activities**
Weekendを少し強めに

**Many people enjoy outdoor activities / on weekends (↘).**
outdoor activitiesを強調する

**Cycling and running / are especially popular ones (↘).**
runningは最初を強めに読む

**Outdoor activities make people healthy (↘), /**
healthyのlは舌先を上の歯茎の裏につけて発音する

**so many people like doing them / on weekends (↘).**
doing themでひとまとまり

訳

週末の活動

多くの人々が週末に屋外での活動を楽しみます。サイクリングとランニングは特に人気のある活動です。屋外での活動は人々を健康にするので、多くの人々は週末に屋外で活動することが好きです。

□ **outdoor** 屋外の　□ **activity** 活動　□ **especially** 特に
□ **popular** 人気のある　□ **healthy** 健康な

屋外での活動は健康によいから人気だと書かれているね。

**音読のポイント** outdoorの後ろにactivitiesという名詞が続いているので、発音するときはdoorの部分ではなく、最初を強く言います。runningは、最初を強く、ningは弱く言います。3文目のhealthyは、lの発音に気を付けながら、やや強めに読みましょう。

## 2 パッセージについて答える

**Please look at the passage.**
**Why do many people like doing outdoor activities on weekends?**

パッセージを見てください。
なぜ多くの人々が週末に屋外での活動をすることが好きなのですか。

**Because outdoor activities make people healthy.**

屋外での活動は人々を健康にするからです。

**Because they can get healthy by doing outdoor activities.**

屋外での活動をすることによって健康になるからです。

**解答のポイント** Why「なぜ」と聞かれているので、理由を表すBecauseを使って答えます。人々が週末に屋外での活動をすることが好きな理由は、3文目にOutdoor activities make people healthy「屋外での活動は人々を健康にする」からだと書かれているので、これを答えましょう。別解では、get「(〜の状態に)なる」とby *doing* 〜「〜することによって」を使って、同じ内容を言い換えています。

## 3 | イラストについて答える（1）

公園で人々がさまざまな活動をしているよ。誰が何をしているのか整理しよう。

**Please look at the picture.**
**How many people are wearing a helmet?**
絵を見てください。
何人の人がヘルメットをかぶっていますか。

解答例 

**Two people are wearing helmets.**
2人の人がヘルメットをかぶっています。

別解

**There are two people wearing helmets.**
ヘルメットをかぶっている人は2人います。

□ **wear**　～を身につけている

解答のポイント

How many people ～?「何人の人が～?」と聞かれているので、人数を答えます。ヘルメットをかぶっているのは、奥で自転車に乗っている2人です。主語が「2人」と複数形なので、質問文のare wearingがそのまま使えます。また、There are ～「～がいる」という表現を使って、「2人いる」と答えることもできます。

## 4 | イラストについて答える（2）

**Please look at the sitting woman.**
**What is she doing?**
座っている女性を見てください。
彼女は何をしていますか。

**解答例**

**She is eating a sandwich.**
彼女はサンドイッチを食べています。

**別解** 

**She is holding a sandwich in her hands.**
彼女は両手でサンドイッチを持っています。

□**hold** ―― ～を手に持っている

**解答のポイント**
手前にいるthe sitting woman「座っている女性」に注目します。サンドイッチを食べている女性の様子が描かれているので、is eating「食べている」を使って答えましょう。また、hold ～ in *one*'s hands「両手で～を持っている」という表現を使って、「サンドイッチを持っている」と答えることもできます。

## 5 | 自分のことについて答える(1)

**Now, Mr. / Ms. ――, please turn the card over.**
では、―― さん、カードを裏返してください。
**What do you like to do when the weather is fine?**
天気がいいときに、あなたは何をするのが好きですか。

**解答例**

**I like to play baseball.**
私は野球をするのが好きです。

**解答のポイント**
質問文にあるfineは、ここでは「晴れた」という意味。天気がいいときに何をするのが好きかを聞かれているので、質問にもある表現like to *do* ～「～するのが好き」を使って答えましょう。tennis「テニス」など他のスポーツを答えたり、I like to go to a park.「私は公園に行くのが好きです」などと行く場所を答えたりすることもできます。

## 6 | 自分のことについて答える(2)

**Do you often listen to the radio?**
あなたはよくラジオを聞きますか。

### Yes, I do.(ラジオをよく聞く)の場合

**Please tell me more.**
もっと私に話してください。

解答例 

**I listen to it every day.**
私は毎日それを聞きます。

解答のポイント

「ラジオをよく聞く」という場合は、Yes.またはYes, I do.と答えましょう。Please tell me more.「もっと私に話してください」と言われるので、どれくらいの頻度でラジオを聞いているのかなどを答えるとよいでしょう。「ラジオで音楽を聞く」「英語の勉強をするためにラジオを聞く」などと答えることもできます。

### No, I don't.(ラジオをあまり聞かない)の場合

**Why not?**
なぜですか。

解答例 

**I usually watch TV.**
私は普段テレビを見ます。

解答のポイント

「ラジオをあまり聞かない」という場合は、No.またはNo, I don't.と答えます。Why not?「なぜですか」という質問に対しては、ラジオをあまり聞かない理由を答えます。「普段はテレビを見る」という解答例のように、ラジオを聞く代わりに普段していることを答えてもよいでしょう。

# Day 5

## Toys
## （おもちゃ）

Day5 問題カード

### Toys

There are many kinds of toys. Among them, Japanese toys are made of high-quality materials, so they are very popular all over the world. Not only children but also adults love playing with them.

# 面接の流れを振り返ろう

左の二次元コードから動画を見ながら、
面接の一連の流れをおさらいしましょう。

## 1 | パッセージを読む

**Please read the passage silently for twenty seconds.**
20秒間、パッセージを声に出さずに読んでください。
**Now, please read it aloud.**
では、声に出してパッセージを読んでください。

パッセージの英文

**Toys**
**There are many kinds of toys. Among them, Japanese toys are made of high-quality materials, so ...**
おもちゃ
おもちゃにはたくさんの種類があります。それらの中で、日本のおもちゃは高品質の素材でできているので、…

## 2 | パッセージについて答える

**Please look at the passage.**
**Why are Japanese toys very popular all over the world?**
パッセージを見てください。
なぜ日本のおもちゃは世界中でとても人気があるのですか。

解答例

**Because they are made of high-quality materials.**
それらは高品質の素材でできているからです。

## 3 | イラストについて答える(1)

**Please look at the picture.**
**Where is the cat?**
絵を見てください。
ネコはどこにいますか。

解答例

**It's on the sofa.**
ソファの上にいます。

## 4 | イラストについて答える（2）

**Please look at the woman.**
**What is she going to do?**
女性を見てください。
彼女は何をしようとしていますか。

解答例

**She is going to open the door.**
彼女はドアを開けようとしています。

## 5 | 自分のことについて答える（1）

**Now, Mr. / Ms. ——, please turn the card over.**
では、　　さん、カードを裏返してください。
**What is your favorite sport?**
あなたのお気に入りのスポーツは何ですか。

解答例

**I like playing and watching badminton.**
私はバドミントンをすることと見ることが好きです。

## 6 | 自分のことについて答える（2）

**Do you like to eat at sushi restaurants?**
あなたはすし屋で食事をすることが好きですか。

解答例

**Yes, I do.** はい、好きです。

**Please tell me more.**
もっと私に話してください。

**I like to eat fish.**
私は魚を食べるのが好きです。

解答例

**No, I don't.** いいえ、好きではありません。

**Why not?**
なぜですか。

**I like my mother's cooking.**
私は母の料理が好きです。

# それぞれの問題を理解しよう

問題ひとつひとつの理解を深めましょう。スピーキングアイコンがついている箇所は、アプリ「my-oto-mo」で発音判定ができます。

## 1 パッセージを読む

**Please read the passage silently for twenty seconds.**
20秒間、パッセージを声に出さずに読んでください。
**Now, please read it aloud.**
では、声に出してパッセージを読んでください。

**Toys**
最後のsは弱めに発音する

**There are many kinds of toys** (↘) **.**
kinds ofはつなげて読み、toysを強調する

**Among them,** /

**Japanese toys are made of high-quality materials** (↘) **,** /
high-quality materialsをやや強く読む

**so they are very popular** / **all over the world** (↘) **.**
all over the worldでひとまとまり

**Not only children but also adults** (↗) /
Notのtは弱く発音する

**love playing with them** (↘) **.**

訳
おもちゃ
おもちゃにはたくさんの種類があります。それらの中で、日本のおもちゃは高品質の素材でできているので、世界中でとても人気があります。子どもたちだけでなく大人もそれらで遊ぶのが大好きです。

□**kind** 種類 □**high-quality** 高品質の □**material** 素材、原料
□**all over the world** 世界中で □**not only *A* but also *B*** AだけでなくBも

日本のおもちゃは年齢を問わず、世界中で人気があると書かれているね。

**音読のポイント**

1文目のkinds ofや2文目のmade ofは2つの語をつなげるように読みましょう。high-quality materialsはポイントとなるので強調します。このとき、materialsのteの部分にアクセントを置くように注意してください。3文目の「子どもたちだけでなく大人も」という部分は、but also以降をはっきりと読み上げるとよいです。

## 2 | パッセージについて答える

**Please look at the passage.**
**Why are Japanese toys very popular all over the world?**
パッセージを見てください。
なぜ日本のおもちゃは世界中でとても人気があるのですか。

解答例 

**Because they are made of high-quality materials.**
それらは高品質の素材でできているからです。

別解 

**Because they are high-quality toys.**
それらは高品質のおもちゃだからです。

**解答のポイント**

Whyで聞かれているので、Becauseで始めて理由を答えます。日本のおもちゃが世界中で人気がある理由は、2文目にJapanese toys are made of high-quality materials「日本のおもちゃは高品質の素材でできている」と書かれています。質問文の主語Japanese toysはtheyに言い換えて答えましょう。他には、もっと簡単にhigh-quality toys「高品質のおもちゃ」であると答えることもできます。

## 3 | イラストについて答える（1）

部屋の中の様子が描かれているよ。それぞれの人が何をしているのかだけでなく、何をしようとしているのかにも注目しよう。

**Please look at the picture.**
**Where is the cat?**
絵を見てください。
ネコはどこにいますか。

解答例
**It's on the sofa.**
ソファの上にいます。

別解
**It's next to the man.**
男性の隣にいます。

□**next to ～**　～の隣に

**解答のポイント**
ネコは絵の左側にいるのが分かります。ソファの上にいるので、on「～の上に」を使ってon the sofa「ソファの上に」と答えましょう。ネコも含め、動物は代名詞itで表すことができます。また、座っている男性の隣にいるとも言えるので、next to ～「～の隣に」やby ～「～のそばに」を使って、next to the manやby the manなどと答えることもできます。

## 4 | イラストについて答える（2）

**Please look at the woman.**
**What is she going to do?**
女性を見てください。
彼女は何をしようとしていますか。

解答例 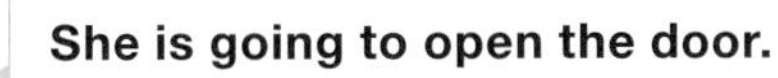

**She is going to open the door.**
彼女はドアを開けようとしています。

別解 

**She is going to leave the room.**
彼女は部屋を出ようとしています。

□**leave**　～を去る

**解答のポイント**
女性から出ている吹き出しに注目しましょう。吹き出しの中には、女性がドアを開けている様子が描かれているので、これを説明します。*be* going to *do*「～しようとしている」の後に、open the door「ドアを開ける」を続けます。また、ドアを開けて部屋から出ようとしているとも考えられるので、leave the room「部屋を出る」を使って答えることもできます。

## 5 | 自分のことについて答える（1）

**Now, Mr. / Ms. ——, please turn the card over.**
では、——さん、カードを裏返してください。
**What is your favorite sport?**
あなたのお気に入りのスポーツは何ですか。

解答例 

**I like playing and watching badminton.**
私はバドミントンをすることと見ることが好きです。

**解答のポイント**
好きなスポーツを答えればよいので、I like ～「私は～が好きです」やI like *doing* ～「私は～することが好きです」などの表現を使うことができます。他にも、I like watching baseball games.「私は野球の試合を見ることが好きです」といった答え方もあります。また、My favorite sport is ～「私のお気に入りのスポーツは～です」と答えることもできます。

## 6 自分のことについて答える（2）

**Do you like to eat at sushi restaurants?**
あなたはすし屋で食事をすることが好きですか。

### Yes, I do.（すし屋で食事をすることが好き）の場合

**Please tell me more.**
もっと私に話してください。

解答例

**I like to eat fish.**
私は魚を食べるのが好きです。

解答のポイント

「すし屋で食事をすることが好き」であれば、Yes.またはYes, I do.と答えます。Please tell me more.「もっと私に話してください」と言われるので、I like to *do* ～「私は～するのが好きです」という表現を使って、「魚を食べるのが好きです」などと答えるとよいでしょう。他には、I often go to sushi restaurants on weekends.「私はよく週末にすし屋に行きます」のように、いつ行くのかということを答えてもよいです。

### No, I don't.（すし屋で食事をすることが好きではない）の場合

**Why not?**
なぜですか。

解答例

**I like my mother's cooking.**
私は母の料理が好きです。

解答のポイント

「すし屋で食事をすることが好きではない」という場合は、No.またはNo, I don't.と答えます。Why not?「なぜですか」と理由を聞かれたら、I like ～「私は～が好きです」を使って、「母の料理が好きです」などと答えるのも1つです。また、否定形を使って、I don't like crowded places.「私は混んでいる場所が好きではありません」などと答えることもできます。

# Day 6

# Maps
## （地図）

Day6 問題カード

**Maps**

Maps are useful in many ways. Guide maps are especially helpful for tourists. They show sightseeing spots and interesting information, so they are often used by tourists. Guide maps can be found all over the world.

# 面接の流れを振り返ろう

左の二次元コードから動画を見ながら、
面接の一連の流れをおさらいしましょう。

## 1 | パッセージを読む

**Please read the passage silently for twenty seconds.**
20秒間、パッセージを声に出さずに読んでください。
**Now, please read it aloud.**
では、声に出してパッセージを読んでください。

パッセージの英文

**Maps**
**Maps are useful in many ways. Guide maps are especially helpful for tourists. ...**
地図
地図は多くの点で便利です。特に案内地図は旅行者にとって役に立ちます。…

## 2 | パッセージについて答える

**Please look at the passage.**
**Why are guide maps often used by tourists?**
パッセージを見てください。
なぜ案内地図は旅行者によく利用されるのですか。

解答例

**Because they show sightseeing spots and interesting information.**
案内地図は観光地や興味深い情報を示しているからです。

## 3 | イラストについて答える（1）

**Please look at the picture.**
**What does the woman have in her hand?**
絵を見てください。
女性は手に何を持っていますか。

解答例

**She has a flag.**
彼女は旗を持っています。

## 4 | イラストについて答える(2)

**Please look at the man on the bench.**
**What is he doing?**
ベンチにいる男性を見てください。
彼は何をしていますか。

解答例

**He is painting a picture.**
彼は絵を描いています。

## 5 | 自分のことについて答える(1)

**Now, Mr. / Ms. ――, please turn the card over.**
では、―― さん、カードを裏返してください。
**What kind of movies do you like to watch?**
あなたはどんな種類の映画を見るのが好きですか。

解答例

**I like action movies.**
私はアクション映画が好きです。

## 6 | 自分のことについて答える(2)

**Do you like to go to summer festivals?**
あなたは夏祭りに行くのが好きですか。

解答例

**Yes, I do.** はい、好きです。

**Please tell me more.**
もっと私に話してください。

**I always go to summer festivals with my family.**
私はいつも家族と夏祭りに行きます。

解答例

**No, I don't.** いいえ、好きではありません。

**Why not?**
なぜですか。

**I don't like to go to crowded places.**
私は混雑した場所に行くのが好きではありません。

# それぞれの問題を理解しよう

問題ひとつひとつの理解を深めましょう。スピーキングアイコンがついている箇所は、アプリ「my-oto-mo」で発音判定ができます。

## 1 パッセージを読む

**Please read the passage silently for twenty seconds.**
20秒間、パッセージを声に出さずに読んでください。
**Now, please read it aloud.**
では、声に出してパッセージを読んでください。

**Maps**
aは口を横に広げながら発音する

**Maps are useful / in many ways (↘).**
in many waysでひとまとまり

**Guide maps are especially helpful / for tourists (↘).**
especiallyをはっきりと読む

**They show sightseeing spots /**
sightseeingは最初のsiとseeを強く読む

**and interesting information (↘), /**

**so they are often used / by tourists (↘).**
touristsは「トゥアリスツ」のように発音する

**Guide maps can be found / all over the world (↘).**
all over the worldでひとまとまり

---

訳
地図
地図は多くの点で便利です。特に案内地図は旅行者にとって役に立ちます。案内地図は観光地や興味深い情報を示しているので、旅行者によく利用されています。案内地図は世界中で見つけることができます。

□**useful** 役に立つ、便利な □**in many ways** 多くの点で □**especially** 特に
□**helpful** 役に立つ、助けになる □**tourist** 旅行者 □**sightseeing** 観光(の)
□**interesting** 興味深い □**information** 情報 □**all over the world** 世界中で

地図は世界中で旅行者の役に立っていることが分かるね。

**音読のポイント** タイトルのMapsのaは、口を大きく横に開いて発音します。2文目のespeciallyは「特に」と強調する意味合いなので、はっきりと読みましょう。peを強めに発音します。最後のall over the worldのworldは、worの部分で舌全体を奥に引っこめるようにして発音しましょう。

## 2 | パッセージについて答える

**Please look at the passage.**
**Why are guide maps often used by tourists?**
パッセージを見てください。
なぜ案内地図は旅行者によく利用されるのですか。

解答例 

**Because they show sightseeing spots and interesting information.**
案内地図は観光地や興味深い情報を示しているからです。

別解 

**Because they can find out about sightseeing spots and interesting information.**
旅行者は観光地や興味深い情報について知ることができるからです。

**解答のポイント** 案内地図が旅行者によく利用される理由については、3文目にThey show sightseeing spots and interesting information「案内地図は観光地や興味深い情報を示している」と書かれているので、Becauseを使ってこの内容を答えます。もしくは、質問文のtourists「旅行者」を代名詞のtheyに置き換えて主語とし、they can find out about ～「旅行者は～について知ることができる」と答えることもできます。

## 3 | イラストについて答える（1）

観光地のような場所にいる人々の様子が描かれているね。それぞれの人の特徴や、誰がどんなことをしているのかに注目しよう。

**Please look at the picture.**
**What does the woman have in her hand?**
絵を見てください。
女性は手に何を持っていますか。

**解答例** **She has a flag.**
彼女は旗を持っています。

**別解** **She has a flag in her hand.**
彼女は手に旗を持っています。

□**flag**　旗

**解答のポイント**
絵を見ると、ツアーガイドと思われる女性が見つかります。手には旗を持っているので、flag「旗」を使って答えます。このとき、動詞have「～を持っている」を三人称単数現在形のhasに変えることを忘れないようにしましょう。また、質問文にあるhave ～ in *one*'s hand「（人の）手に～を持っている」という表現を使って、She has a flag in her hand.「彼女は手に旗を持っています」と答えてもよいです。

## 4 | イラストについて答える(2)

**Please look at the man on the bench.**
**What is he doing?**
ベンチにいる男性を見てください。
彼は何をしていますか。

解答例 

**He is painting a picture.**
彼は絵を描いています。

別解 

**He is painting a picture on a canvas.**
彼はキャンバスに絵を描いています。

□ **paint** ～を(絵の具で)描く

解答のポイント

左端にいるthe man on the bench「ベンチにいる男性」を見てみると、絵を描いていることが分かります。動詞paint「～を(絵の具で)描く」を使って、現在進行形*be doing*「～している」の形で答えましょう。また、on a canvas「キャンバスに」などと付け加えてもよいですね。

## 5 | 自分のことについて答える(1)

**Now, Mr. / Ms. ——, please turn the card over.**
では、——さん、カードを裏返してください。
**What kind of movies do you like to watch?**
あなたはどんな種類の映画を見るのが好きですか。

解答例 

**I like action movies.**
私はアクション映画が好きです。

解答のポイント

What kind of ～?「どんな種類の～?」と好きな映画の種類を聞かれています。I like ～「私は～が好きです」で文を始め、映画の種類を続けます。映画の種類にはaction movies「アクション映画」の他にも、horror movies「ホラー映画」、comedy movies「コメディ映画」などがあります。映画をあまり見ない人は、I don't really watch movies.「私は映画をあまり見ません」などと答えるとよいでしょう。

# 6 | 自分のことについて答える（2）

**Do you like to go to summer festivals?**
あなたは夏祭りに行くのが好きですか。

## Yes, I do.（夏祭りに行くのが好き）の場合

**Please tell me more.**
もっと私に話してください。

解答例

**I always go to summer festivals with my family.**
私はいつも家族と夏祭りに行きます。

**解答のポイント**

「夏祭りに行くのが好き」であれば、Yes. または Yes, I do. と答えます。Please tell me more.「もっと私に話してください」と言われるので、「いつも家族と行く」「毎年行く」など、夏祭りに関することを話しましょう。I like food and fireworks at the festivals.「私はお祭りの食べ物や花火が好きです」など、具体的にお祭りのどんなところが好きなのかに触れてもよいです。

## No, I don't.（夏祭りに行くのが好きではない）の場合

**Why not?**
なぜですか。

解答例 

**I don't like to go to crowded places.**
私は混雑した場所に行くのが好きではありません。

**解答のポイント**

「夏祭りに行くのが好きではない」という場合は、No. または No, I don't. と答えます。Why not?「なぜですか」と理由を聞かれたら、I don't like to *do*「私は〜するのが好きではありません」を使って、夏祭りのどのようなところが好きではないのかを答えることができます。「混雑した場所」は crowded places と言います。「騒がしい場所」であれば noisy places と答えることができます。

# Day 7

# Zoos
## （動物園）

Day7 問題カード

**Zoos**

Many people love animals. There are zoos all over Japan. People can often touch some animals, so they like to go to zoos. In some zoos, there are animal performances several times a day.

# 面接の流れを振り返ろう

左の二次元コードから動画を見ながら、
面接の一連の流れをおさらいしましょう。

## 1｜パッセージを読む

**Please read the passage silently for twenty seconds.**
20秒間、パッセージを声に出さずに読んでください。
**Now, please read it aloud.**
では、声に出してパッセージを読んでください。

パッセージの英文

**Zoos**
**Many people love animals. There are zoos all over Japan. People can often touch some animals, so ...**
動物園
多くの人々は動物が大好きです。日本中に動物園があります。人々はよく動物に触ることができるので、…

## 2｜パッセージについて答える

**Please look at the passage.**
**Why do people like to go to zoos?**
パッセージを見てください。
なぜ人々は動物園に行くのが好きなのですか。

解答例

**Because they can often touch some animals.**
彼らはよく動物に触ることができるからです。

## 3｜イラストについて答える（1）

**Please look at the picture.**
**Where is the koala?**
絵を見てください。
コアラはどこにいますか。

解答例

**It's in the tree.**
木の上にいます。

## 4｜イラストについて答える（2）

**Please look at the girl.**
**What is she doing?**
女の子を見てください。
彼女は何をしていますか。

解答例

**She is giving some food to a rabbit.**
彼女はウサギに食べ物を与えています。

## 5｜自分のことについて答える（1）

**Now, Mr. / Ms. ——, please turn the card over.**
では、── さん、カードを裏返してください。
**What kinds of animals do you like?**
あなたはどんな種類の動物が好きですか。

解答例

**I like elephants and horses.**
私は象と馬が好きです。

## 6｜自分のことについて答える（2）

**Have you ever been to a fast food restaurant?**
あなたはこれまでにファストフード店に行ったことがありますか。

解答例

**Yes, I have.** はい、あります。

**Please tell me more.**
もっと私に話してください。

**I like to eat hamburgers.**
私はハンバーガーを食べるのが好きです。

解答例

**No, I haven't.** いいえ、ありません。

**What is your favorite food?**
あなたのお気に入りの食べ物は何ですか。

**I like my father's curry very much.**
私は父のカレーがとても好きです。

# それぞれの問題を理解しよう

問題ひとつひとつの理解を深めましょう。スピーキングアイコンがついている箇所は、アプリ「my-oto-mo」で発音判定ができます。

## 1 | パッセージを読む

**Please read the passage silently for twenty seconds.**
20秒間、パッセージを声に出さずに読んでください。
**Now, please read it aloud.**
では、声に出してパッセージを読んでください。

**Zoos**
zは歯を軽くくっつけて発音する

**Many people love animals** (↘) **.**
animalsの最初のaは口を横に開いて発音する

**There are zoos** / **all over Japan** (↘) **.**
all over Japanでひとまとまり

**People can often touch some animals** (↘) **,** /
カンマまでで区切る

**so they like to go to zoos** (↘) **.**

**In some zoos** (↗) **,** / **there are animal performances** /

**several times a day** (↘) **.**
times a dayのaはtimesにつなげて弱く読む

---

訳
動物園
多くの人々は動物が大好きです。日本中に動物園があります。人々はよく動物に触ることができるので、動物園に行くのが好きです。1日に数回、動物によるパフォーマンスがある動物園もあります。

□**touch** ― 〜に触る　□**performance** ― パフォーマンス　□**several** ― いくつかの

多くの人々は動物が大好きであることと、動物園でできることについて書かれているね。

**音読のポイント**

zoosのzは歯を軽くくっつけ、舌の先を歯茎に近づけて、振動させるように発音するのがコツです。3文目は前半が理由、so以降の後半が結論なので、カンマまでで区切って読むことで内容がより伝わりやすくなります。several times a dayは「1日に数回」という意味で、ひとかたまりなので、途中で切らずに流れるように言いましょう。

## 2 | パッセージについて答える

**Please look at the passage.**
**Why do people like to go to zoos?**
パッセージを見てください。
なぜ人々は動物園に行くのが好きなのですか。

解答例

**Because they can often touch some animals.**
彼らはよく動物に触ることができるからです。

別解 

**Because they can enjoy touching some animals.**
彼らは動物に触るのを楽しむことができるからです。

**解答のポイント**

Whyと聞かれているので、Becauseを使って理由を答えます。人々が動物園に行くのが好きな理由は、3文目にPeople can often touch some animals「人々はよく動物に触ることができる」とあるので、これを答えましょう。または、enjoy *doing*「〜するのを楽しむ」という表現を使って答えることもできます。

## 3 イラストについて答える(1)

動物園にいる人々や動物の様子が描かれているね。それぞれがどこで何をしているか確認しよう。

**Please look at the picture.**
**Where is the koala?**
絵を見てください。
コアラはどこにいますか。

解答例

**It's in the tree.**
木の上にいます。

別解

**It's sitting in the tree.**
木の上に座っています。

解答のポイント

コアラは絵の上部に見つかり、木の上にいることが分かります。その様子をin the tree「木の上に」と表しましょう。動物はitで表すことができるので、It's ～で文を始めればOKです。また、この絵の場合、コアラは「木の上に座っている」と表すこともできます。

## 4 | イラストについて答える(2)

**Please look at the girl.**
**What is she doing?**
女の子を見てください。
彼女は何をしていますか。

解答例

**She is giving some food to a rabbit.**
彼女はウサギに食べ物を与えています。

別解 

**She is giving a rabbit some food.**
彼女はウサギに食べ物を与えています。

解答のポイント

女の子は絵の左端に見つけられます。ウサギに食べ物を与えている様子は、give *A* to *B*「BにAを与える」という表現で説明できます。または、*A*と*B*の語順を入れ替えてgive *B A*と表現することも可能です。現在進行形で尋ねられているので、*be doing*「〜している」の形で答えるのを忘れないようにしましょう。

## 5 | 自分のことについて答える(1)

**Now, Mr. / Ms. ——, please turn the card over.**
では、——さん、カードを裏返してください。
**What kinds of animals do you like?**
あなたはどんな種類の動物が好きですか。

解答例 

**I like elephants and horses.**
私は象と馬が好きです。

解答のポイント

What kinds of 〜?「どんな種類の〜?」の形で、好きな動物を聞かれています。I like 〜「私は〜が好きです」を使って、後ろに好きな動物を続けましょう。ある特定の1匹が好きというわけではないので、動物名は複数形にします。foxes「キツネ」、lions「ライオン」、pandas「パンダ」など、好きな動物を答えましょう。

## 6 | 自分のことについて答える(2)

**Have you ever been to a fast food restaurant?**
あなたはこれまでにファストフード店に行ったことがありますか。

### Yes, I have.(ファストフード店に行ったことがある)の場合

**Please tell me more.**
もっと私に話してください。

解答例

**I like to eat hamburgers.**
私はハンバーガーを食べるのが好きです。

解答のポイント

Have you ever *done* ～?は「あなたはこれまでに～したことがありますか」と経験を尋ねる表現です。ファストフード店に行ったことがある場合、Yes.またはYes, I have.と答えます。Please tell me more.「もっと私に話してください」と言われるので、I like to eat ～「私は～を食べるのが好き」のように、好きなファストフードのメニューについて話すとよいでしょう。

### No, I haven't.(ファストフード店に行ったことがない)の場合

**What is your favorite food?**
あなたのお気に入りの食べ物は何ですか。

解答例 

**I like my father's curry very much.**
私は父のカレーがとても好きです。

解答のポイント

ファストフード店に行ったことがなければ、No.またはNo, I haven't.と答えましょう。お気に入りの食べ物は何かと聞かれたら、I like ～「私は～が好きです」を使って、自分の好物を伝えることができます。very much「とても」と強調してもよいです。他にも、steak「ステーキ」、pizza「ピザ」、cake「ケーキ」などと答えられます。

7日間完成!
英検®3級 二次試験・面接対策
予想問題集

デザイン　小口翔平＋阿部早紀子＋嵩あかり(tobufune)
イラスト　加納徳博(キャラクターイラスト)、日江井香(問題イラスト)、
三木もとこ(面接場面イラスト)
執筆・編集協力　株式会社メディアビーコン
英文校閲　Joseph Tabolt、Billie S
校正　佐藤美穂、脇田聡
動画撮影　斉藤秀明
動画編集　藤原奏人
動画出演　株式会社TOKYO GLOBAL GATEWAY
音声収録・編集　一般財団法人英語教育協議会(ELEC)
DTP　株式会社四国写研
印刷所　株式会社リーブルテック
編集　中村円佳
販売　小林慎太郎



③